我的家乡在中国

河南

步印编辑部 编著　陈美鹿 主编　赵金娇 绘

江西教育出版社
JIANGXI EDUCATION PUBLISHING HOUSE
·南昌·

"河南"在我心里是个厚重又美好的词语，它是历史，也是诗情画意。我一直期盼能有那么一套书，带着孩子们从地理的角度去认识家乡、了解中国。而步印的这套书，完美实现了我的期盼。这本书让我真正了解了什么是"一方水土养一方人"。让我们一起牵起一头大象，走进"豫"，走进风景优美、历史悠久、文化灿烂的大河南。

——孔晓艳（洛阳孟津区开元小学教师，2015"阅读改变中国"年度点灯人）

我的家乡在中国　河南
WO DE JIAXIANG ZAI ZHONGGUO　HENAN

步印编辑部 编著　陈美鹿 主编　赵金娇 绘

江西教育出版社出版
（江西省南昌市学府大道 299 号　邮编：330038）

出 品 人：熊　炽
责任编辑：雷　茜　黄　帆
营销编辑：张笑影
美术编辑：谢玉恩
责任印制：朱贤民
印　　刷：鹤山雅图仕印刷有限公司
开　　本：185mm×260mm
印　　张：4.5
字　　数：45 千字
审 图 号：GS(2024)1113 号
版　　次：2024 年 10 月第 1 版　2025 年 5 月 3 次印刷
书　　号：ISBN 978-7-5705-4049-5
定　　价：30.00 元

赣版权登字 -02-2023-462
版权所有　侵权必究

图书在版编目 (CIP) 数据

我的家乡在中国 . 河南 / 步印编辑部编著；陈美鹿主编；赵金娇绘 . -- 南昌：江西教育出版社，2024.10
　　ISBN 978-7-5705-4049-5

　　Ⅰ . ①我… Ⅱ . ①步… ②陈… ③赵… Ⅲ . ①河南 - 概况 - 儿童读物 Ⅳ . ① K92-49

　　中国国家版本馆 CIP 数据核字 (2023) 第 233193 号

赣教版图书如有印装质量问题，请向我社调换　电话：0791-86710427
投稿邮箱：JXJYCBS_BJ@163.com　　网址：http://www.jxeph.com

丛书编委会名单

丛书策划：郑利强　于惠平

丛书主编：陈美鹿

文字作者：陈美鹿　蔡志芹　隆　琦　孙秋婷　张琦琦　高　超
　　　　　　包菲菲　李　珺　王天昊　王昱昱

插画作者：赵金娇　张盼盼　段　虹　吴文意　李珠轶　刘　霓
　　　　　　王梦诗　臧　郁　猫十六　斑鸠子　罗榕榕　蔡鸿渤
　　　　　　祁娇娜　匡　莉　朱清之　周　婷　韩永祥　张育维
　　　　　　梁晶晶　顾　涛　杨　洁　焦　昱　庄抒书　斯　政
　　　　　　杨向宇　聂　辉　王　岩　杨　薇　吴　穷　李卓晨
　　　　　　张春华　周　浩　盛潇然

丛书艺术指导：姚　红　刘九鸣　唐　彦　薛　晗　周　尤　孟子茹
　　　　　　　　李小光　魏永恒　申占君

本书审订人：孔晓艳

一直以来，河南这片土地基本都属于"中原"，即"天下的中心"。雄浑又多变的黄河，造就了这片肥沃又多灾多难的土地。从远古时代开始，中华文明便与这里紧密相连。8 000多年前的贾湖骨笛中飘扬出优美的旋律，3 000多年前的殷墟甲骨上铭刻着殷商人的虔诚。龙门山上，记录着北魏百姓的心愿；含嘉仓里，承载着隋唐盛世的基石；开封铁塔下，流传着北宋东京街巷的梦华往事；观星高台中，残存着元朝天文学家问天计时的遗痕。洛阳、开封、安阳、郑州四大古都比邻而居，每一处土地下，都可能埋藏着失落的历史。

历史之外，这里更孕育了无数美景美食。鲜艳的牡丹，不仅盛开在春日的洛阳城，更盛开在河南人的餐桌上。爽口的胡辣汤、丰盛的烩面、缠丝的鸭蛋，这些因地制宜的美食，如同少林功夫般走向全国，走向世界。

目 录

名字的由来

豫 从名字就能猜出，"河南"的意思是在一条河的南边。的确，这条河就是黄河。最早从西汉起，河南这个名字就出现了，那时它叫河南郡，就在现在洛阳一带。河南省简称"豫"，那是因为河南在古代属于九州之一的豫州，古书中记载"豫"字的意思是舒适、安逸，大概是因为这块地方使人太舒服了，所以就被称为豫。不过，也有人发现，"豫"字就像是一个人牵着一头大象，他们认为，几千年前，河南这一片区域曾有大量的野象生活，所以才得名"豫"。

河南省示意图

"药材"上的中国字

河南，作为中华文明的发源地之一，总能给现代人带来无限惊喜。比如说，一个叫作"二里头"的普通村庄，就因为水塘里的陶片，吸引了考古学家的目光。经过仔细调查，考古学家发现这里居然是夏朝的都城。再比如说，中药铺子里一味常见的"药材"上，竟然刻画了古老的文字……

药铺里的宝贝骨头

河南和文字最有名的故事，是从北京开始的。据说，那是1899年的一天，一位叫作王懿荣的官员生了病，大夫给他开了几服中药。他翻看家人从药店抓回来的药，突然发现，一块叫作"龙骨"的药材上，有人类刻画的奇怪痕迹。王懿荣是个对古代文字很有研究的学者，经验告诉他，这些划痕看起来很像是文字。

一起来认甲骨文

甲骨文这样古老，又这样神秘，许多人都以为只有专业的学者才能识别它。其实，甲骨文并不都是很难识别的，甚至有些字连没上过学的小朋友都能认出来。甲骨文有一种创字的办法叫作"象形"，就是照着某种东西的样子来造字，只要你见过这种东西，就一定能认出这个字。不信，就来看一看吧。

下面三个不太一样的甲骨文，其实是同一个字，它们代表同一种动物，猜猜是什么？

没错，就是大象的"象"字。那长长的鼻子，大大的身子，看起来是不是像一头大象的简笔画？

下面这四个符号也是同一个字，也代表同一种动物，你能猜到是什么吗？

（答案揭晓："鹿"字。）

于是，他开始花大价钱购买带字的"龙骨"，同时向商人们打听"龙骨"的来历。狡猾的商人们明知道"龙骨"是哪儿来的，可为了赚钱，就是不肯告诉王懿荣。直到王懿荣去世，他们也没有把真相透露出来。一众学者不甘心，费尽心力四处打听，也只了解到"龙骨"来自河南。但具体是河南哪个地方，依然成谜。

直到1908年，这个谜底才终于揭晓。揭晓谜底的人叫罗振玉，他精通古文字和金石学。他利用自己过去找古董的经验，成功找到了"龙骨"的老家——河南安阳的小屯村。这个小村庄坐落在洹（huán）河边，靠着太行山。精通历史的罗振玉想到，史书中记载，商王盘庚曾将都城迁到洹水南岸，加上他认出了不少"龙骨"上的文字，在里面见到了好几个商王的名字，他意识到，原来河南安阳这个不起眼儿的小小村庄，竟然是商朝的都城！商朝可是3 000多年前的国家，所以，那些"龙骨"上的文字，已有3 000多岁高龄了！人们还从来没发现过这么古老的文字呢！

可惜的是，小屯村的人们已经把太多的"龙骨"当作药材卖掉了，那些刻在上面的字也随着被碾碎的"龙骨"，融进了黑

乎乎的中药药汤里，再也见不到了。

甲骨档案库

发现了"新大陆"的学者们，纷纷来到河南小屯村发掘"龙骨"。随着越来越多的"龙骨"重见天日，人们知道了这种叫作"龙骨"的东西其实是龟的腹甲或牛的肩胛骨，于是改称它为"甲骨"；上面刻的字也有了正式的名字，就是"甲骨文"。

到现在为止，安阳殷墟已经出土了十几万片甲骨。这么多的甲骨文，大都是崇信鬼神的商朝人进行占卜仪式后的记录。他们几乎做什么，都要事先占卜一下，所以甲骨文中留下了很多商朝人的生活点滴。

有的甲骨上记载了人们打猎，捉到了野生犀牛和大象。要知道，犀牛和大象怕冷，必须生活在很温暖的地方。所以，商朝时的河南，冬天一定比现在暖和很多。那时候，河南经常下雨，有成片成片的森林，蜿蜒流淌的大小河流。在这样宜人的

河南是中国地下文物十分丰富的省份，全省有近100座博物馆，收藏文物140余万件。在房屋、田地、学校等平凡无奇的地方，地下都可能埋藏着珍贵的文物。从前，农民翻地时常常就能发现秦砖汉瓦。在洛阳市一所中学的操场上，人们曾发掘出多座周天子墓！

小步告诉你

5

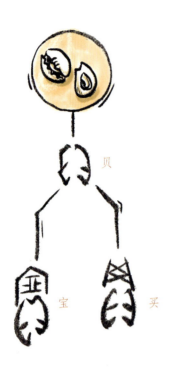

贝

宝　　买

环境里，商朝人伐木建屋、挖泥垒墙，建起过好几座都城，除了上文提到的安阳，还有郑州和鹤壁。我们知道，都城是一个国家的中心，有过这么多都城的河南，当然是商朝的中心啦！所以人们叫它"中原"。

学者们在甲骨文中，还发现了一个有趣的现象，就是商朝人说的宝贝，不是什么金银珠宝，而是实实在在的贝壳。甲骨文的"宝"字有很多种写法，不管哪种写法，都会有代表贝的符号。而且财富的"财"字，也包含"贝"字。生活在海边的人一定很奇怪，贝壳这么常见，怎么会被商朝人当作宝贝呢？考古学家们在小屯村挖出了不少贝壳实物，发现问题的答案，就藏在这些贝壳身上。它们外形圆润，坚硬光滑，是很特殊的海贝，只在我国南海和印度洋、西太平洋的暖海区才有。当年，它们从这些海域被打捞上来，翻过云南和四川的崇山峻岭，跨越长江，像西天取经的唐僧师徒一样历经磨难，才到达中原。远离大海的中原人很少能见到这种海贝，就把它们看作是非常珍贵的东西了。

更早的字符

其实殷墟甲骨文不是中原大地上最早出现的文字，在甲骨出土很多年以后，人们在河南省漯河市舞阳县贾湖村，一处比殷墟时间还早5 000年的遗址中，也挖出了刻着深深浅浅符号的龟甲和兽骨。这些符号大概和你第一次拿起笔乱画的涂鸦很像，除了当年刻下的人，谁也不知道它们是什么意思。但是，这些符号却有着和今天的汉字很相似的横竖撇捺，比如"一""二""八"。有些学者认为，这是汉字在8 000多年前的模样。可惜只有十几个符号，专家们绞尽脑汁也不能确定它们分别是什么意思。所以，殷墟甲骨文依然是人们目前发现的最早成系统的文字。

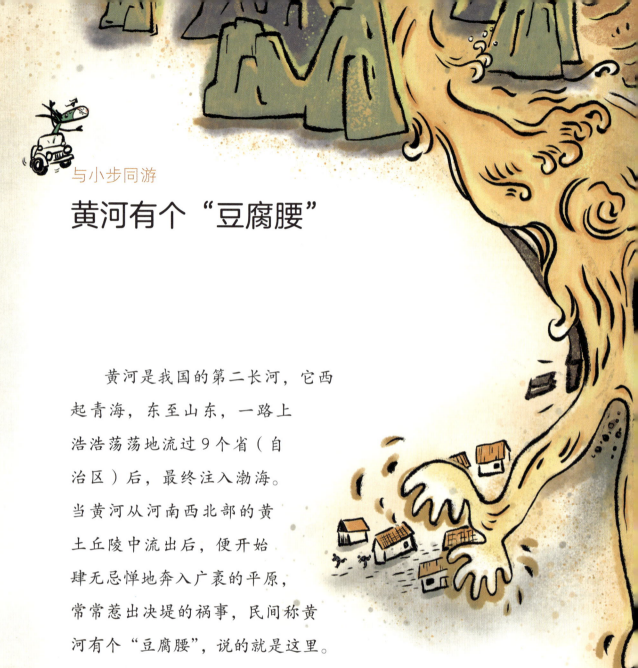

黄河有个"豆腐腰"

　　黄河是我国的第二长河，它西起青海，东至山东，一路上浩浩荡荡地流过9个省（自治区）后，最终注入渤海。当黄河从河南西北部的黄土丘陵中流出后，便开始肆无忌惮地奔入广袤的平原，常常惹出决堤的祸事，民间称黄河有个"豆腐腰"，说的就是这里。

　　在这样尴尬的位置上，河南人见识了黄河的怪脾气，与黄河有说不完的故事。

出手阔绰的黄河水

　　大概在八九千年前，河南的气候曾像南方一般温暖湿润，常有大象、老虎、野鹿等动物出没。宜居的环境使人们沿河岸建起房子，过着半农耕半狩猎的生活。你瞧，考古学家从地下

挖出的陶土做的饭碗、酒壶和祭祀用的大鼎，都能证明这里早就有人类居住。

后来气候发生了很大的变化，大象等大型野生动物像潮水般纷纷退居南方，但黄河依然在这片土地上发挥着重要作用。河南省内有一条水量充足、流速和缓的洛河，称得上是黄河的左膀右臂。在过去，它犹如一条康庄大道，承载着东来西去的船只。尤其在隋唐时期，一条连通洛河和江南地区的大运河被开凿出来。便利的交通，使洛河边上的洛阳城成为全国的物流中心，也成了天下最大的粮仓。据考古发现，洛阳有一个隋唐时期修建的粮仓，几乎和60个足球场加起来一样大，唐代时它曾装下全国一半的粮食。

那时，唐代原本定都长安（现在的西

安），但恰逢那一带粮食歉收，出现大饥荒，皇帝便带着一大帮饥肠辘辘的家眷和朝臣，逃到洛阳找饭吃，这在历史上叫"逐粮"。说到这里，你一定很惊诧：为什么不直接把洛阳的粮食运到长安，而是要皇帝像乞丐似的去讨饭？其实，皇帝为此也很头疼——虽说长安在洛阳的西边，有黄河和其他水运相互连通，但这个河段非常凶险，有一处叫作"三门峡"的险滩就无法绕行。三门峡飞流直泻，像被炸开的黑漩涡，粮船在这里极易触礁沉没。要是换成陆运呢，山路险峻不说，当时的马车也没有船只装得多，想把大批粮食都运进京城，周期太长，恐怕最后连皇帝都得饿死了。想来想去，只好让皇帝屈尊。这样虽然很丢面子，但最保险、最便捷，这才出现了像唐高宗这样的"逐粮天子"。

正所谓"手中有粮，心中不慌"，直到现在，洛阳依然建有巨大的粮仓，存放着大量的玉米和小麦。假如遇到灾荒，这些储备粮据说足够洛阳市的人吃上3个月。粮仓里的粮食是从哪儿来的呢？原来，它们大多产自河南本地的良田，说起来这也有黄河的功劳。

黄河挟带大量的泥沙冲积成河南东部的大平原。每到盛夏，平原上麦浪滚滚，粮食大丰收，而这无边无际的麦田也将成为一些人的"战场"，他们叫"麦客"，以替别人收麦子为生。从前的麦客靠一把镰刀吭哧吭哧地割麦子，现在的麦客不一样了，他们一般是全家出动，或者很多家合伙，买进大型的收割机后，承包麦田进行收割，效率大大高过从前。等在河南收割完毕，麦客会开着收割机继续北上，追逐由南向北依次成熟的麦田。

摇摆不定的"豆腐腰"

黄河对洛阳那么慷慨，对河南豫东平原上的开封古城，脾气则要摇摆不定得多。它一度曾为开封带来一条无比繁华的"金腰带"，后来却摇身一变，成了人人惧怕的"豆腐腰"。

古时，人们为了沟通黄河与淮河，曾在开封一带开凿了一条人工运河，叫"汴河"。汴河的航运能力毫不逊色于一些天然河道，尤其在北宋时，它横贯都城东京（即开封），曾为这座城市带来极度的繁荣。有一幅5米多长的画卷，叫《清明上河图》，画家张择端就饶有兴味地画下了当时繁华的东京街景。那时的东京城既有24小时营业的餐馆，也有香水行，即公共浴池，甚至有租车行——当然那时并没有小汽车，人们租的是马。由于河南的山地和平原地带都不适合养马，物以稀为贵，骑马上街成了一件特有面子的事，于是便有了租马的行当。借助四

每年农历二月初二到三月初三，河南淮阳的太昊陵都要举办"人祖庙会"，也叫"二月会"。在热热闹闹的庙会上，有一种奇特的"泥泥狗"——它用泥捏成，纯黑的底色上绘有五彩花纹，有的是狗、鱼、蝙蝠等小动物造型，也有的形状很奇怪，做成人面猴、人头狗、双头鸟、猴头燕等，种类多得数不过来，又漂亮又有趣！据说，泥泥狗来自遥远的上古，随着太昊伏羲氏的祭祀活动遗存到今天。它不只是孩子们的泥玩具，也是有些大人心目中的神物，传说把它们扔进水井，井里的水就可以治好身上的病。

通八达的水运交通，东京城还汇集了各国的奇珍异宝，有从西域运来的猎鹰，从东南亚各国进口的香料、孔雀，从日本渡海来的扇子……最重要的还有粮食。强大的汴河好像一条宝贝传送带，担负着北宋人精致的生活。难怪当吴越王向宋太祖进献一条价值连城的犀牛腰带时，宋太祖不屑地说自己有三条"宝带"，一条是惠民河，一条是五丈河，还有一条就是汴河。

不过，汴河水引自黄河，因此挟带了大量的泥沙，特别是临近东京城的河道，水深据说不到2米。为了保证船只顺利通行，官府便在汴河两岸设置专用的纤道，以供纤夫拉船时行走。等到冬季的枯水期，官府还要组织30万人到汴河上清理淤泥，直到春季重新通航为止。后来，北宋灭亡，无人管理的汴河渐渐淤塞、断流，失去了漕运的功能。

　　失去汴河这个"小助手"从中协调，黄河似乎变得非常暴躁。它从上游带来的大量泥沙，经过长期堆积，像是给河底铺了"增高垫"，把河床越抬越高，致使这一河段常常有决堤的危险。据统计，黄河在历史上有 1 500 多次决口，约有 1 000 次发生在河南，而倒霉的开封常常不能幸免。为了解决黄河水患，古人三番五次为它改道，有时让它从开封西北边流过，有时又让它从东南边流过，但黄河河床始终比地面高出十几米。这下好了，黄河成了悬在开封人头顶的"一碗水"，随时有可能泼下来。开封当地至今流传着一句民谣："开封城，城摞城，地下埋了好几层。"这其实是黄河泛滥而造就的奇观。

　　现在的黄河依然从河南流过，有一个河段仍悬在开封头上，但它变得温顺了许多，因为人们做了很多努力来突出黄河的优点。比如：在上游修建了许多水电站，既可以发电，又可以调控水量和泥沙；在"豆腐腰"上筑起像大山一样厚重的堤坝，这可以防范水患；那些开垦的农田和挖开的沟渠，则像吸水海绵一样调蓄着黄河水……黄河的泥沙也派上了用场，不仅被用来建造房屋，还被开封的园艺师加工成适合栽种菊花的土壤，培育出黄河岸边另一道美丽的风景。

14

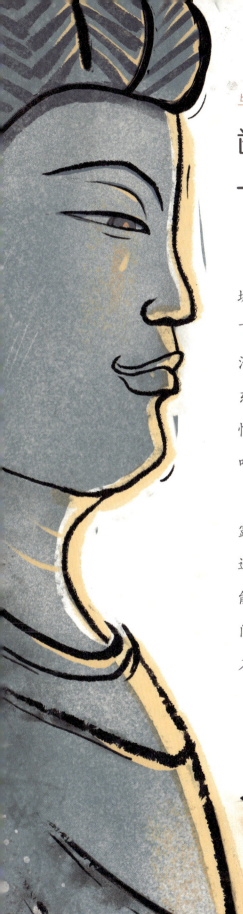

凿在山崖上的无价之宝
——龙门石窟

　　河南有座了不起的城市，它拥有五个都城的遗址，曾经是十三个朝代的国都，地下埋着数不清的珍贵文物；在人们每天生活的楼房下面，现在还沉睡着2000多年前东周的王城。它在洛河北边，按照古人习惯，河流北面叫"阳"，因此，这座城市就叫"洛阳"。

　　因为曾经是国都，洛阳处处有宝贝，连露天的山崖上也有。地下出土的宝贝都会收进博物馆，但山崖上的宝贝从诞生起就不能再移动，它们排列整齐，和一座叫"龙门"的大山连在一起，人们称之为"龙门石窟"。

故事最多的洞窟

窟，就是洞穴，龙门山上的洞穴怎么就成了宝贝呢？秘密就在于洞中美轮美奂的石像。最初点石为"宝"的，是一个北魏的皇帝。1500多年前，虔诚信佛的北魏孝文帝即将离开平城（今山西大同），来洛阳建立新的都城。此时，从小抚养他长大的祖母去世，孝文帝悲痛不已。北魏皇室和许多贵族都非常信佛，热衷于开石窟、造佛像（在大同，他们就开凿了云冈石窟）。此时，这位贵为皇帝的佛教徒所能想到的最好的寄托，也是为祖母开一个石窟。这就有了龙门最早的一窟——古阳洞。

古阳洞最有名的，是里头的碑刻，也就是刻在石碑上的"造像题记"。龙门有2345座窟龛（kān），单是碑刻就有2800块左右，喜爱书法的人曾选出最好的20块，称之为"龙门二十品"。而这"二十品"中，有"十九品"都在古阳洞。

来到古阳洞，你会发现满墙、满窟顶都是佛龛和造像题记。这些佛龛和题记，有为早逝的儿子祈福的，有为去世的父母超度的，也有祈祷出征平安的，背后不知寄托了多少人的离合悲欢。题记里有个女人叫"一弗"，她的丈夫张元祖是为皇帝抬轿子的"步辇郎"。丈夫不幸去世，一弗没有多少钱，就造了一尊小小的佛像，刻了一块只有30个字的石碑，寄托自己不尽的哀思。还有个叫"杨大眼"的，是位大将军，孝文帝去世后，他路过石窟，见到孝文帝营造的洞窟，不禁潸然泪下，因此，他为孝文帝造了一个佛龛，寄托对旧主的怀念和感激。这位大将军很好玩儿，由于刚打了一场胜仗，心里得意扬扬，还忍不住自我夸奖了一番……这就是最早的古阳洞，从皇帝到将军，再到步辇郎的妻子，都曾在这方洞中造像祈福，它也因此成为龙门小佛龛最多、故事最丰富的一窟。

有剪刀手佛像的洞窟

孝文帝去世后，宣武帝继位。这位皇帝更是大手笔，一下开凿了三个洞窟，后人叫它们"宾阳三洞"。分别是宣武帝为他的父亲、母亲和自己开凿的，就像个"全家福"洞窟。可惜"全家福"只完成了中间一个，即"宾阳中洞"。宣武帝驾崩后，南洞和北洞的修建就被叫停了。直到隋代，南洞才接力开凿完毕。到了唐代，有个皇子投机取巧，想借为亡母修窟显示自己的孝顺，又修好了北洞窟。从佛像看，北洞胖胖的阿弥陀佛非常能反映出唐朝人的审美品味。有趣的是，这尊佛像竟然用右手比出了一个"剪刀手"。要是阿弥陀佛会说话，他准会告诉你："佛教里可没有比'剪刀手'的讲究，我当初伸出的明明还有大拇指，后来遭到风化，大拇指断了一节，才变成现在的剪刀手啦。"

最有烟火气的洞窟

在龙门大大小小的洞窟中，有一个"药方洞"，里面除了佛像，还雕刻了140多份药方。这是中国最早的石刻药方，里面提到的药材，都是当地乡野间常见的动物、植物、矿物和动物粪尿等，充分照顾到了普通百姓的需要。南北朝至唐初，总在换皇帝、打仗，很多人治不起病，于是许多精通医药的佛教徒把自己知道的药方贡献出来，雕刻在石碑上，让人们可以自己给自己治病。这是龙门石窟中最实际、最有烟火气的一窟，它无意中留下来的药方，也成了中医学的宝贝。

女官督建的洞窟

龙门有个洞窟是女官督建的，这就是万佛洞。这位女官的名字有点特别，叫"姚神表"，是唐高宗时的官。她大概是想让人记住自己，所以就在万佛洞窟顶雕刻了一朵巨大的莲花，还命人把自己雕琢万佛的事迹刻在大莲花周围。作为"万"佛洞，这一窟共有15 000尊小坐佛，每一尊只有一颗大枣那么高（4厘米），它们排列在一起，好像一个巨大的键盘。站在万佛洞中，你可以看到伊河对岸的香山寺（与对岸的山同名，这座山

也是大诗人白居易晚年居住、埋骨的地方），还能听到寺里的钟声。

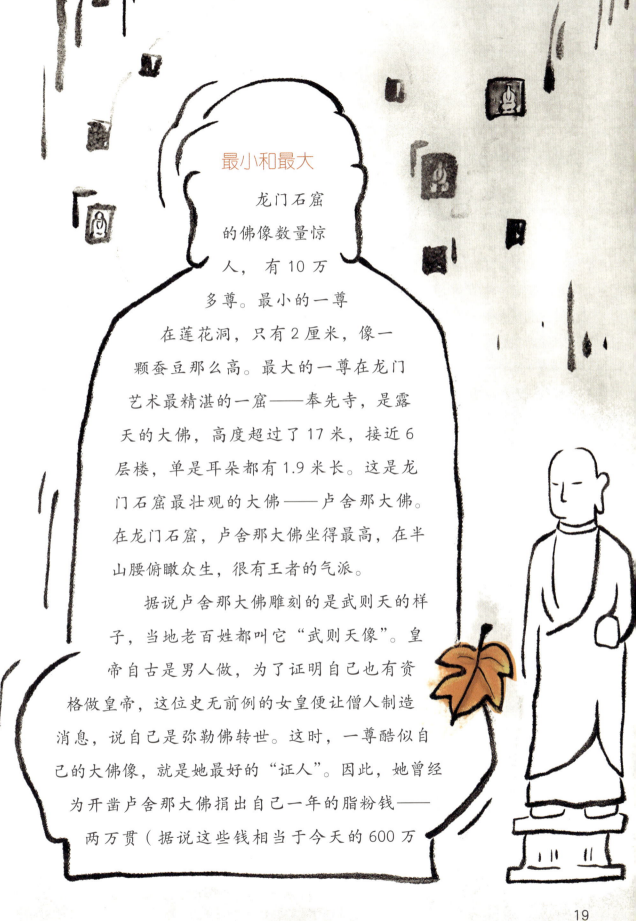

最小和最大

龙门石窟的佛像数量惊人，有10万多尊。最小的一尊在莲花洞，只有2厘米，像一颗蚕豆那么高。最大的一尊在龙门艺术最精湛的一窟——奉先寺，是露天的大佛，高度超过了17米，接近6层楼，单是耳朵都有1.9米长。这是龙门石窟最壮观的大佛——卢舍那大佛。在龙门石窟，卢舍那大佛坐得最高，在半山腰俯瞰众生，很有王者的气派。

据说卢舍那大佛雕刻的是武则天的样子，当地老百姓都叫它"武则天像"。皇帝自古是男人做，为了证明自己也有资格做皇帝，这位史无前例的女皇便让僧人制造消息，说自己是弥勒佛转世。这时，一尊酷似自己的大佛像，就是她最好的"证人"。因此，她曾经为开凿卢舍那大佛捐出自己一年的脂粉钱——两万贯（据说这些钱相当于今天的600万龙门石窟位于洛阳市城南6千米处的伊阙峡谷间，这里视野非常开阔，两座山一东一西，像打开的门扇一样面对面排开，一道宽阔的大河恰好从"门扇"间流过，这条大河叫"伊河"（洛河的支流），因此，这里就获得了一个很形象的名字——伊阙。据说后来到了隋朝，隋炀帝迁都洛阳，正对着伊阙修建了皇城，它才改名"龙门"——正对皇宫的"门"。

元）。佛像竣工时，她还亲自主持了大佛的开光仪式。这是龙门石窟最后的荣光，在武则天之后，不再有皇帝、贵族大规模开凿石窟，龙门造像这出大戏也渐渐唱到了尾声。

可恶的小偷

今天，你若来到龙门石窟，会发现很多佛像已经不再完整。有些佛像毁于地震、战乱，令人惋惜，可有些却是许多年前被小偷盗走的。二十世纪三四十年代，趁着战乱，很多国际文物贩子来中国偷盗文物。在洛阳，他们看中了龙门石

窟的佛像。但是，整个大佛没法带走，他们就出大价钱让人偷偷凿下佛像的一部分，或者凿一方画面运走。在受到严重破坏的莲花洞中，释迦牟尼佛像的佛头都被盗走了。在被盗走的诸多文物中，有两件十分珍贵，是宾阳中洞的浮雕。还记得北魏宣武帝开凿的那个"全家福"洞窟吗？宾阳中洞的东壁，分别雕刻了宣武帝父亲北魏孝文帝和母亲文昭皇后向佛礼拜的画面。它们都出自当时顶级的石匠之手，因此雕得气势恢宏、精彩绝伦，人们将这两块浮雕合称为《帝后礼佛图》。它们被小偷凿成碎块盗走，又卖到海外，现在分别收藏在美国两家博物馆，《北魏孝文帝礼佛图》藏于纽约市艺术博物馆，《文昭皇后礼佛图》藏于堪萨斯城纳尔逊－阿特金斯艺术博物馆。

1 500 年过去了，龙门石窟仍倒映在山前流淌不息的河水中。2 345 个洞窟，尘封着多少不为人知的故事，目睹过多少盛世、乱世和朝代变迁！它们既是洛阳的骄傲，也是珍贵的"世界文化遗产"。

洛阳纸贵

1 西晋都城在洛阳，城里有个叫左思的人预备写一篇《三都赋》，讲魏、蜀、吴三国曾经的都城。

左思

2 另一位擅长写赋的陆机听说了，给弟弟写信嘲讽说："这边有个土包子，说要写《三都赋》，等他写完了，正好拿来盖我的酒坛子！"

陆机

22

3 左思潜心研究三国时期的历史、地理、物产及风俗人情，经过 10 年，才完成《三都赋》。

4 左思写得文词绝妙，在那个还没有印刷术的时代，人们竞相抄写，抄到整个洛阳的纸都涨了价！陆机读后，也不禁佩服，不敢再提笔写《三都赋》。

斗鸡：生而为战

人类历史上驯化的动物不计其数，鸡是其中一种。肉鸡和蛋鸡能提供鸡肉、鸡蛋，满足人的口腹之欲，可还有一种鸡，它为战斗而生，因战斗而死，短短一生中，从不肯低下高昂的头颅。它就是斗鸡。

老祖宗们爱斗鸡

斗鸡本是家鸡。我们的老祖宗养鸡时发现，春季的公鸡为了求偶总是打架，这挺有趣，于是人们无聊时把两只公鸡放在一起，看它们相斗。就这样，异常勇猛的鸡被挑出来，代代培育，演变成了专门的斗鸡品种，河南斗鸡就是较早育成的一种。民间素有"中国斗鸡出河南"之说，据说血统纯正的河南斗鸡在场上绝不逃跑，与敌人战斗不死不休。

历朝历代都有人喜欢斗鸡，曾在斗鸡场上高声呐喊的，既有王公贵族也有平民百姓。翻开古书，不难找到描写斗鸡的诗歌文章，古代器物、书画上也时不时有两只斗鸡勇猛搏斗的画面。唐代是斗鸡活动格外疯狂的时代，因为好几位皇帝喜爱，斗鸡风靡一时，有钱人倾家荡产买斗鸡，穷人没有真鸡就摆弄假的木鸡。据说有一个叫贾昌的少年，是驯养斗鸡的能手，人称"神鸡童"。因为驯鸡厉害，皇帝让他当了官，从此富贵荣华，因而当时人说"生儿不用识文字，斗鸡走马胜读书"。

斗鸡为的是取胜。为了赢，古人想出了各种花招：有人偷偷往自家斗鸡身上抹芥末，想在打斗时辣得对手睁不开眼；有的给斗鸡安上金属爪子，穿上"盔甲"；还有的给斗鸡抹"狸膏"，"狸膏"就是狸的油脂，狸这种动物捉鸡，对手乍闻到"狸膏"的气味，还以为是天敌到来，就不敢打了……

在从前的河南开封，养斗鸡的人自成江湖。像武林高手一样，每只斗鸡都有派系，北头派、西头派、东头派，据说最好的斗鸡都在门派手里。门派有门派的规矩，他们从不卖鸡，同一派的斗鸡不能相斗，自己派的斗鸡不能给别派，即使把斗鸡杀了吃肉也要留下鸡爪和鸡头，以示没有把自己的斗鸡给外人。

小步告诉你

河南是中国恐龙蛋化石种类最多的省份。在南阳的伏牛山，人们曾挖掘出1 000多枚恐龙蛋化石，在未挖掘的地层中，还有至少16个产蛋层！除了恐龙蛋化石，这里的汝阳盆地还出土了"亚洲最胖恐龙"的骨架，它以汝阳命名，叫"汝阳黄河巨龙"。

火热的斗鸡比赛

在河南开封，景区里、公园里、农家院子里，常有人斗鸡，不管是正式比赛还是假日消遣，都会有许多人兴奋地围聚观看。

正规比赛时，体重、年龄差不多的鸡才能相斗。两只斗鸡一上场，先用小眼睛死盯住对手，脖颈羽毛乍

　　起，警告对方一番，之后两只斗鸡便缠斗
起来。鸡没有手，打架能用的只有尖喙、
爪子，还有"距"，也就是成年公鸡脚腕
内侧的一个尖刺。它们的眼睛瞪圆，尾羽
高翘，翅膀生风，尖喙利爪仿若利刃，你
来我往地在斗鸡场上激烈搏杀。战斗中，
斗鸡常打得两败俱伤，不过最勇敢的斗鸡
即使眼睛瞎了，嘴斗掉了，也不认输。

　　这样的比赛，在外行人看来不过是你

啄我躲，腾空扑腾翅膀，蹬腿伸爪子挠，没什么技术含量；内行人却能从斗鸡的战斗中看出刀光剑影，甚至看出斗鸡的品性和擅长的功夫。斗鸡对决像高手过招，一招一式都决定着最终结果。沉不住气的斗鸡刚上场就急匆匆地进攻对方；聪明的斗鸡从不硬碰硬，只引对手追着跑，敌人累了，再回头穷追猛打；有的斗鸡啄得准；有的斗鸡飞得高……

　　一场斗鸡比赛经常持续几个小时，斗鸡的疯狂厮打使其体温飙升。为降温，中场休息时，主人会在嘴里含一大口水，噗地向斗鸡喷过去，这叫"使水"。赛后的斗鸡血肉模糊、精疲力竭，主人不仅要为它清洗治伤，还要喂水。斗鸡累得没力气喝水时，有的主人甚至嘴对嘴喂它喝。

魔鬼训练和高品质生活

　　斗鸡在战场上的威风凛凛离不开比赛前的艰苦训练。长跑是基本项目，主人提着细棍在其身后撵，斗鸡在前面迈着短腿拼命跑，这滑稽的"撵鸡"场景每天都会准时上演。像训练别的动物一样，美食必不可少，用一小把谷子就能勾引着斗鸡跳上跳下、跑前跑后，变身为运动达人。斗鸡的翅膀也要训练，方法是一次次把斗鸡抛到半空，让它自己扑扇着翅膀下落。为了让自己的斗鸡肌肉强健，在每天训练之后，主人会为鸡按摩，那大手像按摩仪似的在它脖子、翅膀和腿部恰到好处地搓来搓去，斗鸡则闭着眼，一副享受的模样。

斗鸡的辛苦训练换来了优厚待遇。每只斗鸡单独住一个宽敞"大公寓"，主人供应"好肉好菜"。食谱中，除了谷子、饲料、青菜和水，还有鱼肉、牛肉块、蜈蚣、蚯蚓、西红柿

小步告诉你

过去，河南新野是"猴戏之乡"，这里最多时曾有两万多人以驯猴、耍猴为生。猴子们被训练踩高跷、骑自行车、倒立，靠表演杂耍为主人挣钱。从前，你能看到的猴戏，绝大部分都是河南人驯养的猴子在表演。现在，人们越来越注意动物保护，猴戏也就渐渐成了没落的行当。

等美味。洗澡、按摩、梳理羽毛，总有一双大手为它们包揽一切。因为被特殊关照，斗鸡们寒冬不冷，酷暑不热，一旦生病了，斗鸡主人比斗鸡还着急。这生活绝对是普通鸡梦寐以求的。

喜欢斗鸡的人很多，反对斗鸡的人也有。反对者觉得斗鸡血淋淋的打斗太残忍了。其实，在喜欢斗鸡的人眼中，最有魅力的不是斗鸡的打斗，而是它面对敌人时那顽强的精神、至死不屈的斗志，他们视斗鸡为勇士，深深地敬佩着斗鸡。

开遍洛阳的牡丹花

有种名贵的灌木，花开得很美，一朵花足有 700 多瓣，很长一段时间内，被全民追捧，它的花曾经开遍洛阳的大街小巷。你大概猜到了，这种好看的灌木就是牡丹。

从草药到名花

别看牡丹花开得雍容华贵，它最早其实是人们在山谷里发现的草药。在距今 2 000 多年前的东汉，人们会挖出它红色的根，抽掉里头的木芯，只用皮，这味药材就叫"丹皮"。既然是药材，人们不免会观察研究它，人们发现这种植物虽然结果，但幼苗都从根上自己长出来，莫非这是雄性的灌木？古人称雄性为"牡"，干脆就给它取名叫"牡丹"。

野生牡丹的花朵很朴实，只有一两层花瓣，花蕊倒是层层叠叠，像一簇绒花——那是蜜蜂最钟爱的花粉棒。人们为了看花，把野生牡丹移栽到庭院，由于营养丰盛，牡丹根系更容易繁殖，结籽变得不再迫切，也就不必再吸引蜜蜂，渐渐地，很多花蕊也变成了花瓣（这叫作"花蕊瓣化"），层层叠叠的重瓣牡丹花就这样诞生了。

皇帝带头赏牡丹

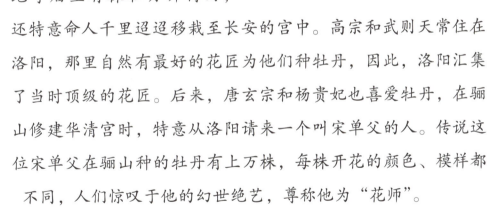

早在 1 400 多年前的隋朝，各色牡丹花已经开在洛阳西苑——隋炀帝的御花园。到唐朝，高宗和武则天喜爱牡丹，武则天的家乡在山西，她记得当地寺庙里有株牡丹开得好，还特意命人千里迢迢移栽至长安的宫中。高宗和武则天常住在洛阳，那里自然有最好的花匠为他们种牡丹，因此，洛阳汇集了当时顶级的花匠。后来，唐玄宗和杨贵妃也喜爱牡丹，在骊山修建华清宫时，特意从洛阳请来一个叫宋单父的人。传说这位宋单父在骊山种的牡丹有上万株，每株开花的颜色、模样都不同，人们惊叹于他的幻世绝艺，尊称他为"花师"。

在古代，宫廷里的喜好就是时尚的风向标，先是王公贵族会跟风模仿，接着是普通百姓。很快，西都长安和东都洛阳都流行起了赏牡丹。"花开花落二十日，一城之人皆若狂"，从白居易的诗句里，你可以想象唐朝人对牡丹的狂热。

豆绿牡丹

全民的牡丹狂热

北宋时，开封成了都城，当时叫"东京"。洛阳靠近开封，成为京官退休后养老的好地方。他们的宅院都要修园林，一时间，洛阳园林变得和北魏的寺庙一样繁盛。那时嫁接的技术已经很普遍，一株名品牡丹花开得美，可以剪下枝条接到其他花上，到来年，被嫁接的那株就可以开出同样的花。那时有个嫁接牡丹非常厉害的花匠，人称"门园子"，专门在秋季为富贵人家嫁接名品牡丹花，来年春季花开收钱，接活一株，就能挣5 000钱（这些钱相当于今天的2 000多元）。

洛阳的名园，加上专业的牡丹市场和花匠，使这里的牡丹种植达到极盛。那时，就连开封的皇帝想看牡丹花，也要从洛阳运。洛阳最珍贵的品种叫"姚黄"，酷爱牡丹花的钱惟演曾经在洛阳做官，就向皇帝进贡过姚黄。这些进贡的牡丹花，要用蜡封好花蒂，放进竹篮，用菜叶遮盖，一路上马不能颠簸，送到汴京的宫里还可以开上好几天。

在宋代，每年都有热闹非凡的花会，牡丹花开成为一场

小步告诉你

菊花饺子和菊花包子是开封的特色美食。开封有养菊的风气，从宋代起，就有出色的养菊手艺人和遍地生长的菊花。如今，开封人的养菊技艺更加神奇，菊花可以绽放在盆景的小树上，或是长成两层楼高（近7米）的"绿巨人"，甚至可以在一年的任何季节开花。

盛事。此时，官府会给各级官吏放假，让他们尽情赏花。洛阳的市长（那时叫"太守"）会举办"万花会"，邀请当地的名流参加。万花会上到处都是牡丹，不但有牡丹花扎成的屏风，而且凡是有房梁或者廊柱的地方，都会挂上贮水的竹筒，里面插上牡丹花。

除了这些社会名流，普通人也会带着酒，到牡丹花开得好的地方，边饮酒边赏花。由于人人赏花饮酒，每年牡丹花开的时候，洛阳的酒都会涨价。那时在寺庙或者废弃的老宅子里，还会有商人组织的牡丹花市。卖花人搭起凉棚，凉棚下既有歌舞表演，又有戴花、饮酒之类的活动，像庙会一样好玩。傍晚时分，卖花人用竹笼盛满剪下来的牡丹花，它们价格不贵，穷人也能买几朵戴在头上……因为花期短暂，每逢花会，人们常常逛到半夜，就算是下雨，也要披上蓑衣去赏花。

刚烈的牡丹、娇贵的牡丹

牡丹花开也有时令，洛阳人讲究"谷雨三朝看牡丹"。谷雨是春季最后一个节气，此时寒潮结束，夏天即将到来。牡丹千百年来已经形成生物钟，会让花蕾在谷雨后三天左右绽放。作为"花王"，它们的性情非常刚烈，一旦开花，就要用尽所有养分。如果这时移栽，它们会拼着命开花，没有余力长根，花一开完就死了。因此，移栽牡丹要在秋天。牡丹根系周围的土被称为"观音土"，是保命的，因此，移栽一株很大的牡丹花，

　　得挖一方巨大的土块。从前，唐代有个要去蜀地上任的官员看上了一株牡丹，命人挖了3米多见方的大土块，用木匣子装起来，才从陇右（今属甘肃）运到了蜀地。

　　牡丹也有娇贵的一面。它们五年才能分一次根，结果则需要七年。宋代人已经总结出许多养牡丹的经验，比如，牡丹根甜，容易招虫，分根的牡丹种下去前，要把旧土全部扔掉，填上用细土加上白蔹（一种草药）末做成的专用花土。若牡丹花开得越来越小，就是生了虫子，枝干上的小孔（花匠叫"气窗"）是虫子藏身的地方，只要用大针点上硫黄，往小孔里扎，虫子就被赶走了。不过，千万不能用乌贼鱼骨做的针，否则，整株牡丹都会一命呜呼。

花土的秘密

宋代大文豪欧阳修曾写道："洛阳地脉花最宜，牡丹尤为天下奇。"那时人们已经发现洛阳的土壤适合种花，尤其适合种牡丹。现代人明白，其中的秘密就藏在洛阳的土壤里。还记得洛河和流过龙门石窟的伊河吗？曾经有大量的火山岩被它们带来，沉积在洛阳，因此，洛阳的土里富含几种罕见的微量元素。对牡丹来说，这些微量元素能促进细胞生长和花蕾形成，就像天然的营养餐。懂花的人都知道，洛阳牡丹一旦带到外地，离开洛阳的土壤，就很难开出那么大的花了。

"种植好牡丹，必取洛阳土"，今天的洛阳，有1 300多个牡丹品种，每年花开时，在短短20天的花期内，来赏花的游客足有2 000多万人！洛阳和牡丹，就这样被地理微妙地牵连在一起，直到今天都没有改变。

汤碗里的味道

提到爱喝汤，你可能会想到广东人，其实河南人也对汤汤水水情有独钟，可以说，每个河南人都是喝着汤长大的。

形影不离的汤与馍

在河南人的餐桌上，汤并不是配角，而是被当作主食的一部分。在河南许多地区，人们见面问"喝汤了吗？"，其实就是在问"吃饭了吗？"，河南人的汤指一切稀食，连稀饭、面糊都被叫作"汤"。

河南汤的"老大"是胡辣汤，它黑黄的颜色、浓稠的质感和胡椒等香料的味道让不少人望而却步，但河南人却喜欢得要命。对许多河南人来说，没有胡辣汤的清晨是不完整的。在河南的早晨，走在街道上，满街都是胡辣

小步告诉你

鹤壁市淇河周边有一种缠丝鸭蛋，因为当地特殊的水质，这种鸭蛋被腌制后煮熟，蛋黄像树的年轮一样，是一圈一圈的。

汤的味道；不管哪条街、哪条路，都能看到挤满人的胡辣汤铺。要是喝一碗，嗬，酸辣爽口，胃里暖流涌动，人仿佛充了电，全身细胞都苏醒了，再配上油馍头、水煎包，真是完美的早餐。

除了胡辣汤，河南其他的汤也不逊色。油炸过的丸子泡到汤里是"丸子汤"；在河南一些地方，老人寿宴上必有的是滑脊汤，据说全家人会像分生日蛋糕那样分滑脊汤喝；名字奇奇怪怪的是饸（shá）汤，喝这汤时别问店家"这是啥汤？"，因为店家会回你一句"这是饸汤"；有的汤面上漂着个薄薄的小饼，相传，就是因为饼太薄了，放在锅上不用翻面就能熟，所以叫"不翻汤"；还有像臭豆腐一样，闻着臭臭的，吃起来却很香的杂肝汤；用猪大肠熬制的大肠汤；当然，也少不了羊肉汤、牛肉汤、驴肉汤……

汤的好伙伴是馍，馍和汤一样重要，吃馍喝汤是河南人最为普遍的饮食方式，汤、馍、菜更是多数河南人早晚餐的标准搭配。这里的"馍"指各种面食，诸如馒头、包子、油馍头、烧饼、油条、锅盔等，花样繁多。喝汤一定要配馍，胡辣汤配油馍头、驴肉汤配饼丝、牛肉汤配烧饼，每个人心中都有一个最好的汤馍组合。

面条与汤的拥抱

汤与馍的搭配承包了河南人的早晚餐，而他们中午的胃则是被面条填饱的。在各色面条中，带着汤水的面占了多数，有人说河南人"无汤不成面"，虽有些夸张，却也道出了河南人对汤面的热爱。在河南方言中，现在还把擀（gǎn）面条直接叫作"擀汤"，把下面条叫"下汤"。

最广为人知的是烩面，俗话说"不吃碗烩面，根本不算到过河南"。烩面分好多种，有牛肉烩面、羊肉烩面、三鲜烩面等。最不可错过的是正宗的羊肉烩面，据说盛烩面的海碗大得像个盆，碗里有面、有肉、有菜，还有鹌鹑蛋，吃完一碗能撑得肚子滚圆。

浆面条也很不一般，煮这种面条用的是发酵的带酸味的豆浆，煮好的面条闻起来是酸的。别的面条都是刚出锅

最好吃，浆面条却越是隔天的越好吃，所以河南有句话叫"浆饭热三遍，拿肉都不换"。

大刀面用一米长的超大号刀切成，做面的师傅要是心情好，还能给你表演蒙眼切面的绝技，即使不看，也能把面条切得一般粗。

河南人还有饸饹（hé le）面、疙瘩面、糊涂面、板面、捞面……要是给你报名字，可要报一会儿了。这么多种类，可以吃好几天都不重样。

爱汤的洛阳

在河南所有地方中，最痴迷喝汤的莫过于洛阳。洛阳的大街小巷随处可见汤馆子，爱喝汤的汤客满城都是。据说，洛阳人一天大概能喝掉一个游泳池的汤。

河南的长垣历来是出厨师的地方，当地有句民谚叫："长垣厨师遍天下，刀勺声里多名家。"长垣人做厨师，最初是被穷苦逼出来的。以前河南洪灾频发，灾民只能远走他乡乞讨，厨师那时又属于不受尊敬的行当，没人愿意做，就成了能吃苦的长垣人的首选。现在，长垣厨师仍然人才辈出，很受美食家的青睐。

洛阳人喝汤，很少用勺子，更爱用筷子，因为他们喝汤是要泡饼的，把各种饼、馍撕成小块泡在汤里，再用筷子夹着吃，往往饼和馍吃完了，汤也就见底了。要是去洛阳喝汤，想让自己像个当地人，可千万别向店家要勺子。

喝完了一碗还想喝怎么办？不用再多花钱，洛阳所有的汤店都免费续汤。因此，有人会一大早端着锅去打汤，对打汤师傅说"来一碗"，师傅就会给打半锅汤，端回去够一家人喝的了。

一家好店的汤，味道能保持几十年甚至上百年不变。很多汤客认准一家的汤就不再换店，日复一日、年复一年在这家店喝汤。有人小时候被爷爷领着喝汤，到现在抱着自己的孙子、孙女还是去同一家店喝汤。

很久以前的洛阳人就爱喝汤，备受欢迎的洛阳水席据说最早始于唐代。正宗洛阳水席有二十四道菜，除八个凉菜，其他每道菜都连汤带水，一道道上菜，就像流水一样。每到年节、婚丧嫁娶等重要日子，洛阳人一定会做水席。水席里最出名的是洛阳燕菜，它的主料是普通的当地萝卜，却做得和燕窝一个味儿。水席中还有道鸡蛋汤，是最后一道菜，人们戏称它是"送客汤"，因为吃完了宾客就该回家了。

河南人为什么爱喝汤？有人说他们爱喝汤是因河南地处内陆，水分少，气候干燥；有人说河南以前常有水旱灾、战乱，当地老百姓穷，吃不起干饭，只好喝汤水垫肚子；也有人说，很多朝代的国都都曾设立在河南，京城里的达官贵人们以喝汤养生，天长日久喝汤就成了习惯。不管原因是什么，河南人爱喝汤是错不了的，汤碗里的味道，就是河南的味道。

洛阳燕菜

少林武僧

在很多人的想象中，僧人的生活是特别平和宁静的。他们每天在寺庙里念经参禅，不理会俗世中的各种杂事。可在河南登封市的少林寺里，偏有一群僧人，不以念经为主业，反而天天练武。这群特殊的僧人，就是"武僧"。

武林江湖和寺庙是两个完全不同的世界，江湖可不讲慈悲，只看拳头硬不硬。少林寺的僧人也需要打架吗？他们为什么会练武呢？这得从少林寺的历史里寻找答案了。

少林寺是佛教禅宗的一座寺庙，早在1500多年前的北魏，它就出现了。作为"祖庭"，它在佛教信徒心中的地位，自然是不一般的。信徒们自愿拿出珍宝，供奉给少林寺，相信这样可以换来佛祖的保佑。有些皇帝也信佛，他们给少林寺送起东西来相当大方，一出手就是赏田赐地。比如隋文帝，曾把柏谷屯100顷的土地都赏给了少林寺。这些土地和宝贝，吸引了不少

*传说达摩在传法期间，模仿山中老虎、猿、鹰等动物的姿态，创造了最初的少林功夫。

贼盗，他们或偷或抢，闹得寺内不得安宁。为了保护寺庙，一部分僧人练起武术，组成了僧兵队伍。所以僧人开始习武，纯是出于自卫的需要。

这些自卫武术，何时发展为博大精深的少林功夫，已经不得而知了。但到了明朝的时候，僧兵们的功夫就已经很厉害了。他们应朝廷的征召上战场，用一身真功夫奋勇杀敌。曾在陕西打过蒙古余部，在云南镇压过叛乱，还在东南沿海击败过倭寇。其中有个叫周友的，特别厉害，立了三次奇功，人称"三奇和尚"。在明朝的军功等级里，奇功是排在第一位的，可见他的功劳有多大。

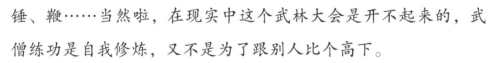

经过南征北战，少林僧兵武艺高强的名声便传遍了大江南北。可惜不久后，到了清朝康熙、雍正年间，朝廷不准僧人继续习武，武僧也就销声匿迹了。直到清朝末年，他们才再次出现。

在藏踪匿影的200多年间，僧人一直在私下里偷偷习武，所以少林功夫并没有失传。几百年积累下来，如今的少林功夫体系特别庞大。如果每位武僧专攻一门功夫的话，少林寺自家就能开个武林大会了。专练手上功夫的互相切磋，比比罗汉拳、铁砂掌、一指禅哪个更厉害；拿兵器的一起对练，也别管拿的是棍、枪、剑，还是刀、锤、鞭……当然啦，在现实中这个武林大会是开不起来的，武僧练功是自我修炼，又不是为了跟别人比个高下。

在武侠小说里，习武之人基本都有师父，武僧也是如此。师父教徒弟，是少林功夫唯一的传承方式。通常，一位师父会带好几位年轻武僧，就像学校里的老师，会教一整个班的学生一样。

在师父指导之前，徒弟要先背熟"练功口诀"，也就是动作指导"说明书"。因为少林功夫讲究套路，每一套都有一系列固定的动作。前辈武僧为了后人学起来方便，就把这些动作的注意要领编成了朗朗上口的口诀。比如"腋下藏月人难逃，转身一步开敌炮""千斤砸拳要护头，罗汉缩身把佛望"。

背会了口诀，师父会教给武僧具体的动作和练功的窍门，也会带着大家一起训练。以前少林僧人白天要耕田种地，练功都是在早晚。现在大家不种田了，早晚练功的习惯却没改。每天清晨五点，寺里的晨钟敲响，武僧就得起床训练了。打拳、踢腿、跑步、匍匐……一个项目接着一个。哪怕汗水一遍遍打湿衣裳，累得抬不起手，武僧还是要继续坚持。

如果谁敢偷懒，师父就会罚他去蹲马步，一蹲三个小时，比跑上 5 000 米还辛苦。有的武僧体力差些，一天训练下来，累得连水都喝不下了。在武侠小说里，总是把大侠练成神功的原因写得很奇妙，不是捡到武功秘笈，就是遇到高人传授内力。其实，练功哪有捷径可走，武僧能练就一身过硬的本领，靠的就是这日复一日单调、辛苦的训练。

武僧师父除了教徒弟武术，还有一项重要任务，就是带徒弟禅修。少林寺毕竟是佛教禅宗的祖庭，所以僧人一生中最重要的事就是参禅，武僧也不例外。少林功夫的精髓，其实不在于武僧的拳脚有多生猛，而在于修炼者能将佛法与功夫

小步告诉你

洛阳南部的山中产梅花石，在油黑的石头里有亮白色或者黄、青色的杂石点缀，像盛开的梅花。

融为一体。想想看，少林功夫那么厉害，要是武僧没有一颗向佛之心，练好了功夫出去伤人作恶怎么办？因此，武僧平时在练武之余，一定要空出时间坐禅。等功夫有了一定基础，他们还要经过一场"禅七"考核。

"禅七"就是僧人集中坐在禅堂里参禅，以七天为一个周期。传说中，释迦牟尼在菩提树下连续打坐七日后，才最终悟道成佛。普通僧人自然没有释迦牟尼的悟性，七天就能开悟，所以他们打禅七通常是连打七个，也就是七七四十九天。武僧的"禅七考核"，正是四十九天。

坐禅期间，僧人闭目冥想，但绝不可以打瞌睡。每天打坐的时间，大概是七炷香烧光的时长。你可能会觉得，不就是七炷香嘛，很快就烧完了。实际上坐禅的佛香，一炷就能烧一个小时以上。盘腿坐上一个多小时，一动不动，腿麻、脚抽筋、头疼是免不了的。如果能忽略这些身体的不舒服，专注于内心的思考，武僧就算修行有所进益了。

如今，武僧不再需要保卫寺庙，也不用上战场杀敌，这么辛苦练就一身功夫，是为什么呢？其实他们能做的事多着呢！自从1982年电影《少林寺》上映之后，全国上下就掀起了学习少林功夫的热潮。据说，当年有很多少年离家投奔少林寺学功夫。武僧团的出现，正好给了人们实现"武侠梦"的机会。来少林寺学功夫的人络绎不绝，武僧都忙不过来了。登封当地人瞄准商机，借着少林寺的名头办起一座又一座武术学校，把登封市变成了"地球上最大的武林部落"。

在教授弟子之外，武僧也会接到演出任务，到世界各地表演少林功夫。还有武僧选择离开少林寺，到红尘中闯荡一番。有人去拍电影，凭真功夫打出名气，成为像李小龙那样的功夫明星；有人去参加职业搏击比赛，战胜专业选手，证明少林功夫的强大；也有人办起武术学校，将一身功夫传给他人。总之，只要有真功夫，不管在红尘外还是红尘内，武僧总能找到适合自己的位置。

李耳降青牛

很久很久以前，人们管今天河南省鹿邑县一带叫作苦县，这里有个人人都知道的怪小孩。为什么说他是怪小孩呢？据说，他的母亲因为吃了一颗李子而怀孕，怀了足足八十一年才把他生下来。所以这孩子一出生就是一副白头发、白胡须的老头模样。有一天，他指着园里的李树说："以后李就是我的姓了。"因为他有一对特别大的耳朵，便被取名为李耳。

苦县有一座隐阳山，隐阳山的东南位置有座小山峰，不高也不低，近看像牛，远看也像牛，一年四季总是青绿色，人们便称它为"青牛峰"。

李耳家就住在离青牛峰不到五百米的村子里。夏天时，每天早晨天刚蒙蒙亮，李耳就要出门上山割草。他总是一个人去、一个人回，因为长得太古怪，

村子里的小孩都不跟他玩儿，孤独的李耳便把家里的黄牛当成朋友，也把长得像牛的青牛峰当成伙伴。他常常一边割草一边自言自语："青牛峰啊青牛峰，你要是变成真牛就好了，我给黄牛割草吃，也给你割草吃，我就有两个好朋友了。"

秋天时，村子里出了一件怪事。村民们每年都会把割下来的麦秸堆成垛，留着烧火、喂牲口。可有个前一天刚码好的麦秸垛，到第二天早上就凭空消失了！一连五天，麦秸垛接连消失。是谁把麦秸垛偷走了吗？可是现场连个脚印都没有。是被风吹走的吗？可是没有任何人在夜里听到过半点风声。

"一定是个怪物干的！"有人这样猜测，这样一传十，十传百，传言渐渐变成了："村子里有个怪物！""怪物什么都吃，最爱吃小孩！"于是，小孩子都被藏在家里。大人们天还没黑透就关门睡觉，谁也不敢出门看个究竟。只有李耳按捺不住，

想瞧瞧那怪物的厉害。

　　一天夜里，李耳趁大人们都睡沉了，悄悄地摸出家门。他来到麦秸垛附近，找了一棵树爬上去，藏了起来。他静静地等，两只大耳朵捕捉着周围一切可疑的声音。村子里很安静，一声狗叫都没有，一轮圆月明晃晃地照着熟睡的村庄。李耳在树上等啊等，等得都打瞌睡了，麦秸垛还好好地放着呢，怪物怎么还不来？就在他快要睡着的时候，从天空的西南方飞来一团白光，李耳还来不及眨眼，这团白光就停在了他所在的树下。李耳的心咚咚直跳，只见白光变成了一头周身幽幽发光的青牛，青牛缓缓地踱步到最近的麦秸垛旁，一口便将一半麦秸垛吃进了肚子，再一口，一整个麦秸垛就没有啦。

　　吃完了麦秸垛，青牛来到树下蹭蹭头、甩甩

尾巴，准备离开。李耳这才从惊讶中回过神来：牛有什么可怕的！他从树上跳下去，正好骑在青牛的脖子上，顺势抓住了两只牛角。青牛被突如其来的动静吓了一大跳，它四蹄乱蹬，疯狂地扭头摆尾，一下子便把李耳甩了出去。青牛撒腿就跑，李耳顾不得疼，抽出腰间的镰刀扔了出去，镰刀打在青牛屁股上的一瞬间，它又变成一团白光飞走了。

李耳照常去青牛峰上割草。他发现一件奇怪的事：青牛峰上半山腰间，有一条长长的没有青草的地皮。是谁沿着一条线割草呢，真是个傻瓜！李耳这样想着，又自言自语讲述起昨夜的奇异经历。这时，从他面前刮过一阵小旋风，就像是有人在回应他一样。

这天夜里，李耳又回到了树上，还是昨天的那个时辰，白光又出现了，只不过，它在有些远的地方就变成了青牛。这青牛浑身披着青幽的光，慢慢朝树下走来，到了树下，竟缓缓抬起头，轻轻叫了两声。藏在树上的李耳早就激动不已，大喊一声"休想逃"，便跳下去骑在了牛脖子上，他一只手抠住牛鼻子，一只手紧握拳头，对着牛头一顿乱捶。青牛起初没有反抗，片刻后便恼怒起来，像先前一样扭头摆尾。李耳两腿夹紧，两手同时扯住牛鼻子。见怎么也甩不掉，青牛气坏了，躺在地上打起滚来，一连翻滚了十几下，把李耳压得连声哀叫，倒在地上。青牛还没消气，它后退几步低下头，直勾勾朝李耳冲过去。

好在李耳一骨碌就躲开了，青牛的两只角就势戳在了地上。那牛角又粗又硬，扎得又猛又实，一下子拔不出来，趁这个空当儿，李耳翻身一跳又骑在了青牛脖子上。他想到家里的黄牛是因为有鼻环才肯听话，于是试着把手上一个银镯子穿在青牛鼻子上。可还没成功，青牛就从地上拔出牛角，又翻滚起来。李耳轻轻一跃便站在了一侧，青牛开始浑然不知，等它发现后，又像先前一样直勾勾向李耳冲过去。李耳闪身避开，青牛势头太猛，又一头扎到了地上。李耳哈哈大笑起来："笨牛！我在这儿呢。"

听到李耳大笑，青牛更生气了，它转过身，甩甩头上的土，后退几步，然后朝前猛冲，李耳撒腿就跑，绕着几个麦秸垛来回躲避，松软的麦秸垛一下就被顶翻了，他又朝着藏身的那棵树奔去。青牛穷追不舍，就在瘦小的李耳跨过树杈时，青牛也跟了上去，结果它庞大的身子被卡在了树杈中间，怎么扭也挣脱不了。李耳赶紧把银镯子穿在青牛鼻子上，说："笨牛，这下你跑不了了，叫你祸害村里的麦秸垛！"

就这样，李耳降伏了这只神异的青牛，把它牵回了家。

到了第二天早晨，李耳出门割草，走了没一会儿，遇到一

位老人，老人望着青牛峰的方向，狐疑地说："我真是老眼昏花了，怎么看不见青牛峰啦？"李耳顺着老人的视线望去，青牛峰真的不见了。他愣了一会儿，像是意识到了什么，赶紧跑回家，冲到青牛跟前，兴奋地说："你是青牛峰变的！"原来，那头半夜偷吃麦秸垛的青牛，正是李耳的朋友青牛峰，它本就是一头神牛，化作山峰，忍受千年万年的风吹雨打，终于等来了它要等的人。

从此，青牛就成了李耳的坐骑。李耳少年时，它驮着他四处游历；青年时，它驮着他到各地去求学；中年时，李耳做了官，青牛依旧和他形影不离。待到李耳年老了，青牛还像李耳初见它时那样健硕。

有一天，李耳对青牛说："青牛啊，如今各诸侯国之间你

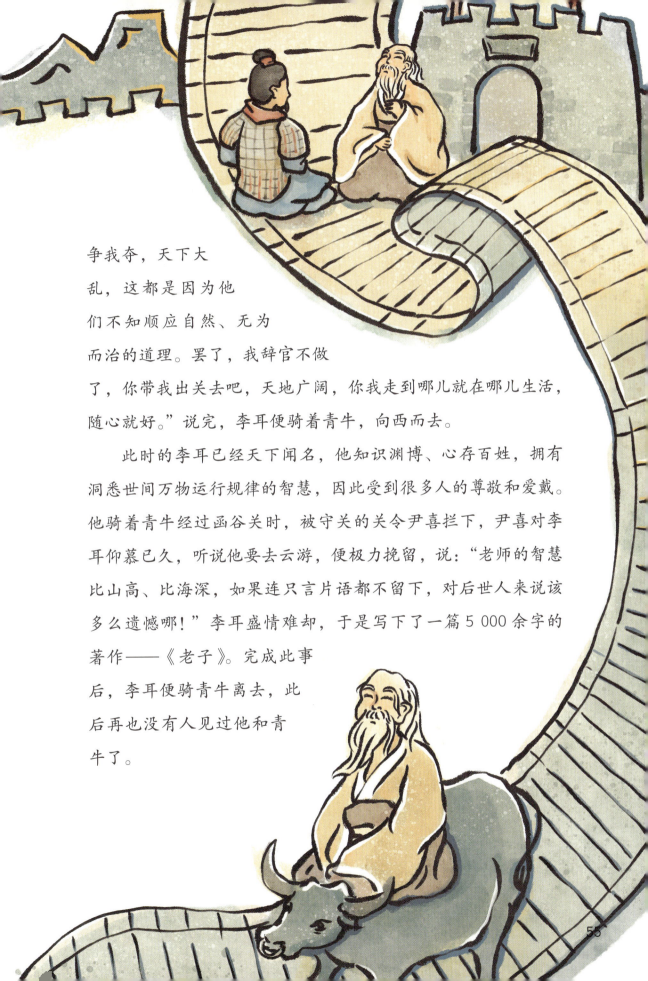

争我夺，天下大
乱，这都是因为他
们不知顺应自然、无为
而治的道理。罢了，我辞官不做
了，你带我出关去吧，天地广阔，你我走到哪儿就在哪儿生活，
随心就好。"说完，李耳便骑着青牛，向西而去。

　　此时的李耳已经天下闻名，他知识渊博、心存百姓，拥有
洞悉世间万物运行规律的智慧，因此受到很多人的尊敬和爱戴。
他骑着青牛经过函谷关时，被守关的关令尹喜拦下，尹喜对李
耳仰慕已久，听说他要去云游，便极力挽留，说："老师的智慧
比山高、比海深，如果连只言片语都不留下，对后世人来说该
多么遗憾哪！"李耳盛情难却，于是写下了一篇 5 000 余字的
著作——《老子》。完成此事
后，李耳便骑青牛离去，此
后再也没有人见过他和青
牛了。

观星台

　　河南登封有座观星台，看上去像瞪着双眼的怪物脸谱，英国《新科学家》杂志将它列入"世界九大神秘古观星台"。它是中国现存最古老的天文台，距今已有700多年的历史了。那时，中国已经有天文学家，元世祖命郭守敬等天文学家修改历法，他们因此在全国27个地方建立观星台，进行天文测量，登封观星台就是当时的中心观测站。在这里，郭守敬等人观测推算，编制出当时世界上最领先的历法——《授时历》。

给爸爸妈妈的话

家乡是什么？家乡是我们孩提时代生活的那片土地，也是我们回忆里最温暖的一部分。

我们的期许

如果问你：家是什么？你脑海中第一个冒出来的，是什么场景呢？我的脑海中出现了妈妈在厨房忙碌、爸爸在书房写作的场景。我想，家之所以吸引我们，是因为那里有我们爱的人和物，以及我们之间发生过的故事。同样，要了解我们的家乡，除了知道家乡在哪里，更要了解生活在这里的人们都发生过什么样的故事。

了解了自己的家乡后，我们可以走得更远，看看我们中国这片广袤的土地上，很多很多别人的家乡里，人们都过着怎样截然不同的生活。知晓了这些，中国这片广袤的土地对孩子来说，就不再是行政区划里那些抽象和容易混淆的名字，而是一个个有美景、有美食、有故事、有活泼泼的动植物，更有形形色色的人的具体而生动的空间。

《我的家乡在中国》中都有什么？

这是一套地理书，但是又绝不能局限于地形、气候、物产等自然地理。要将自然地理与这片土地上生活的人、存在的物、发生的事联系在一起来讲述，这才是活的。

中国历史连绵几千年。我们每个人的家乡，每一寸土地都有着悠久的历史、丰厚的文化积淀。为了把这种深厚的历史传统和文化积淀用有趣生动的形式展现在读者面前，我们最终确定这套书共三十四册，每个省或自治区、直辖市、特别行政区各一册。

每一册书都由如下几个主要板块构成：

历史隧道：讲这片土地上的某处遗迹，讲一段可以触摸的历史。当孩子站在保存至今的这处古迹前，会自觉倾听它的故事。

与小步同游：勾勒这片土地的面貌。它可能是自然的，比如阿拉善戈壁沙漠；也可能是人为建造的，比如云冈石窟。孩子透过这些面貌，可以看到地理的奇观，可以看到人类文明的奇迹，从而真正与脚下的土地产生深刻的情感关联。

各种各样的人：人们常说"一方水土养一方人"，用孩子能懂的方式，用具有当地特征的人群，讲给孩子一方水土如何养育一方人。

美食、动植物：无论是美食还是动植物，都与人的生活息息相关，透过人间烟火，让孩子看到一个地方最日常、最有趣味的样子。

图画故事、小步给你讲故事：用漫画或文字来讲述这里的故事。它们常对应着新闻或典故，历史或传说……孩子读了这些轻松好玩的故事，会自然进入当地民风民俗的氛围中。

小步带你看建筑：建筑是一片土地的眉眼，是活生生凝固在砖瓦里的历史。孩子看到它们，就能感受到这片土地的气质，是质朴的、灵动的，还是幽默的、威严的。

这几大板块从纵向的时间和横向的空间两个维度展开，把历史和地理融会贯通。我们希望通过这种方式，立体而深入地把每一个家乡的鲜活特点呈现出来。

导游是一只小驴子

陆游诗云："此身合是诗人未？细雨骑驴入剑门。"驴友"小步"便是我们这套书中陪着孩子走遍中国的同伴。而每一册中我们还给"小步"安排了一位地陪搭档，带领孩子更好地体验当地风物和文化特点。

小步将陪伴孩子一起完成这趟轻松有趣的纸上阅读之旅。而在各篇章之间，小步和它的搭档会时不时穿插讲述一些有趣的地理见闻，让孩子把完整的章节阅读和碎片化知识阅读相结合，调整阅读节奏。每册书的最后，小步更是化身地理老师，为孩子带来一堂小小地理课，干货满满！

趣味，趣味，还是趣味

我们希望这套书是孩子喜欢看且看得进去的书，希望孩子在第一次阅读长文字的通识读本时没有阅读门槛，回归阅读的本质：首先是愉悦，其次才是获取知识。

所以我们选择孩子熟悉的事物，运用孩子熟悉的语言，讲述孩子没那么熟悉的知识和故事。这样相当于架起了一座桥，一头架在熟悉的生活里，一头搭在陌生的故事知识里，让小读者不知不觉走进他不曾了解的家乡。

最后的邀请

现在，经过了漫长而艰辛的八年，这份文火细煨的精神大餐，就这样举重若轻地放到了你的面前，等着被或轻尝或细品。我们希望，随着岁月沉淀和人生阅历的丰富，它的味道、营养和气质，不仅能让孩子更好地了解自己的家乡，了解别人的家乡，知道我们中国的地大物博究竟是怎样的大，也能让孩子在面对广阔的全世界时，清楚地知道自己的立足点，从而能永不迷失自己的方向。

与河的不解之缘

　　河南省位于华北平原南部，地势西高东低。它的北、西、南三面被群山环绕，纵横的水系为东部的平原提供了便利的交通。

　　河南是我国唯一一个地跨长江、淮河、黄河、海河四大流域的省份，可以说跟"河"有着不解之缘。其中黄河从上游带来了大量泥沙，经过长期堆积，使开封市内出现了河面高于地面的"悬河"现象，这也使黄河水患更加频发。到了近代修建铁路时，也是考虑到黄河的不稳定性，而选择了离河道比较远的郑州作为全国铁路的交通枢纽。